Antonio

VIVALDI

INTRODUCTION
AND GLORIA

(RV 639 and RV 588)

Edited and Translated by
Clayton Westermann

CONTENTS

PREFACE

The source of this edition of Antonio Vivaldi's *INTRODUCTION AND GLORIA* is the Giordano-Foa Collection at the Biblioteca Nazionale in Turin. The manuscript, a Vivaldi holograph, is entitled Introduzione al Gloria ad Alto Solo con Istromenti e Gloria a 4 con Istromenti and bears his monogram on the title page. The work, though conceived and written out as an integrated whole, has been catalogued separately by Peter Ryom in his Verzeichnis der Werke Antonio Vivaldis (1979) as RV 639 (Jubilate o amoeni) and RV 588 (Gloria).

INTRODUCTION AND GLORIA calls for two soprano, alto and tenor soloists, chorus in four parts and an orchestra of trumpet, 2 oboes, strings and continuo.

Because Baroque composers often presided over performances of their own work, as Vivaldi certainly did, and because general stylistic practices were assumed, notation of the period seems "clean" in the absence of slurs, ornaments, dynamic indication, and even figures for the basso continuo. For this edition all such markings have been represented as in the source material, and suggestions for ornaments or dynamics which may have been understood by custom or verbally requested are indicated in brackets.

Corrections and additions to the original figured bass are shown in brackets and are consistent with the instrumental and vocal parts. Flagging of the vocal parts has been changed to current practices and all slurs are original. The treble clef has been substituted for the original soprano, alto and tenor clefs in the voices, and hemiola brackets have been added to identify the cross stress patterned by 3 groups of 2 beats imposed upon 2 measures of 3 beats (ie. ♩ ♩ ♩│♩ ♩ ♩).

In No. 5 (Domine Deus) the rhythm ♪ has been changed to ♪. in mm. 2, 3, 15, 16, 21, 22 and 23, and the fourth beat of m. 5, 17 and 27 double dotted in accordance with Baroque performance practices. In No. 9 (Qui sedes) the original time signature of 9/8 has been changed to 12/8 and 6/8 in order to better indicate the phrase structure and siciliano character of the movement. In the final movement (Cum sancto spiritu) the rhythmic values have been halved.

I would like to express my appreciation to Professor Robert White and Professor Janet White of the Classics Department of Hunter College for making a basic translation of the text of the Introduction from the barely legible script and shorthand system of the original.

Clayton Westermann
Huntington, N.Y.

INTRODUCTION AND GLORIA

ANTONIO VIVALDI [R.V. 639/588]
Edited and Translated by
Clayton Westermann

Introduction - Jubilate
(Aria for Alto)

Ju - bi - la -
O   be   joy -

8

[55]

Et in vo - ci - bus___ ca - nor - - -
As we sing, our voic - es___ rais - - -

[tr]

Fine

p

- - - - ris sum - mi ho -
- ing, heav - en

9

K 9919

Recitative

In tua so-lem-ni pom-pa ar-mon-i-ce can-
In dig-ni-fied pro-ces-sion, har-mo-nious is our

ta-mus, et De-o im-mor-ta-li ho-no-res mil-le
sing-ing, to God the ev-er-last-ing a thou-sand prais-es

da-mus. Vos me-cum, o can-tor-es su-
bring-ing. To-geth-er, O ye sing-ers, in

a-vi-ter can-en-tes ju-bi-la-mus di-cen-tes:
mel-o-dy u-nit-ed shout for joy with me say-ing:

1. Gloria
(Alto Solo and Chorus)

nunc pro-fer-a-mus ju - bi - lo. Glo -
praise now we of-fer joy - ful - ly. *Glo -*

[50]

- - - - - ri - a in ex -
ry to God, yea

[f]
Glo - ri - a, glo - ri - a,
Glo - ri-fy, glo - ri-fy,

[Tutti]
[f]
cel - sis De - o. Glo - ri - a, glo - ri - a,
in the high - est. *Glo - ri-fy, glo - ri-fy,*

[f]
Glo - ri - a, glo - ri - a,
Glo - ri-fy, glo - ri-fy,

[f]
Glo - - - ri - a,
Glo - - - ri-fy,

[f]

18

K 9919

22

[130]

glo - ri - a,   glo - ri - a,
glo - ri - fy,   *glo - ri - fy,*

glo - ri - a,   glo - ri - a,
glo - ri - fy,   *glo - ri - fy,*

glo - ri - a,   glo - ri - a,
glo - ri - fy,   *glo - ri - fy,*

glo - ri - a,   glo - ri - a,
glo - ri - fy,   *glo - ri - fy,*

[130]

Solo
[*p*]
glo - - - - - -
glo - - - - -

Solo
[*p*]
glo - - - - - -
glo - - - - -

Solo
[*p*]
glo - - - - -
glo - - - - -

Solo
[*p*]
glo - - - - -
glo - - - - -

p

24

De - o.
high - est.

De - o.
high - est.

De - o.
high - est.

De - o.
high - est.

[150]

[150]

K 9919

2. Et in Terra Pax
(Chorus)

28

K 9919

tis.
will.

tis.
will.

tis.
will.

tis.
will.

f

p

più p

3. Laudamus Te

(Duet for Two Sopranos)

Lau - da - mus, lau - da - mus te, be - ne - di - ci - mus

We praise Thee, we praise Thee Lord, and we bless Thee, O

38

- mus - te, glo - ri - fi - ca - mus te,
Thy Name, we glo - ri - fy Thee Lord,

ra - mus te, glo - ri - fi - ca - mus te,
dore___ Thy Name, we glo - ri - fy Thee Lord,

[50]

[50]
tr

lau - da -
we praise__

lau - da - mus te,
we praise_____ Thee Lord,

4. Gratias Agimus Tibi
(Chorus)

tu - am, pro - pter ma - gnam glo - ri - am tu - am.
ev - er, *for Thy might is glo - rious for - ev - er.*

tu - am, pro - pter ma - gnam glo - ri - am tu - am.
ev - er, *for Thy might is glo - rious for - ev - er.*

tu - am, pro - pter ma - gnam glo - ri - am tu - am.
ev - er, *for Thy might is glo - rious for - ev - er.*

tu - am, pro - pter ma - gnam glo - ri - am tu - am.
ev - er, *for Thy might is glo - rious for - ev - er.*

5. Domine Deus
(Aria for Tenor)

Do - mi-ne,Do - mi- ne De - us, rex coe -
Praise to the Lord,God a-bove us, King of

le - stis, De - us Pa -
heav - en, God the Fa -

[10]
[tr]

ter om - ni - po-tens,
ther om - ni - po-tent,

Do - mi - ne, Do - mi - ne De - us, rex coe - le - stis,
Praise to the Lord, God a - bove us, King of heav - en,

De - us Pa - ter, De - us___ Pa -
God the Fa - ther, God___ the___ Fa -

ter om - ni - po -
ther om - ni - po -

tens,
tent,

Do - mi - ne, Do - mi - ne De - us,
Praise to the Lord, God a-bove us,

48

6. Domine Fili Unigenite
(Chorus)

51

u - ge - ni - te Je - su Chris - te.
on - ly Son of God, Christ the Sav - iour.

Je - su Chris - te.
Christ the Sav - iour.

Chris - te, Je - su _____ Chris - te.
Sav - iour, Christ the _____ Sav - iour.

mi - ne Fi - li u - ni - ge - ni - te Je - su Chris - te.
of the Fa - ther, on - ly Son of God, Christ the Sav - iour.

7. Domine Deus, Agnus Dei
(Aria for Soprano)

Allegro

Piano

[f]

K 9919

Do - mi - ne_
Lord, God al -

De - us, a - gnus_ De - i, Fi - li - us Pa - tris,
might - y, Lamb of___ God, the Son of the Fa - ther,

a - gnus De - i, Fi - li - us Pa - tris,
Lamb____ of God, the Son_____ of the Fa - ther,

- tris,
- ther,

[tr]   [70]

Fi - li - us Pa - tris.
Son___ of the Fa - ther.

K 9919

8. Qui Tollis

(Chorus)

9. Qui Sedes
(Aria for alto)

Qui se - des ad dex - te-ram, ad dex - te-ram Pa - tris
Thou sit - test be - side the Lord, be - side the Fa - ther

mi - se - re - - - - re, mi - se - re no -
grant_ us_ mer - - - - cy, grant_ us_ mer - cy O

re, mi - se - re - re - - - -
cy, grant us___ mer - - - - - -

re, mi - se - re - - - - re, mi - se - re - re no -
cy, grant us___ mer - - - - cy, grant us mer - cy O___

bis, mi - se - re,___ mi - se - re no - bis.
Lord, grant us___ mer - cy,___ grant us___ mer - cy O___ Lord.

[30]

[tr]

10. Quoniam Tu Solus Sanctus
(Aria for Soprano)

Quo - ni - am tu so - lus san - ctus, Quo - ni - am tu
Thou a - lone art ho - ly, O Christ, Thou a - lone art

so - lus Do - mi - nus, tu so - lus al - tis - si - mus
ho - ly, Lord a - bove, Thou on - ly art Lord most high,

Je - - - - su Chri - ste.
Christ _____ our Sav - iour.

Quo - ni - am tu so - lus san - ctus, tu so - lus Do - mi - nus, tu
Thou a - lone art ho - ly, O Christ, art ho - ly Lord a - bove, Thou

so - lus al - tis - si - mus Je - - - - -
on - ly art Lord most high, Christ _____

su Chri - ste, / *our Sav - iour,*

tu so - lus san - ctus, / *Thou on - ly ho - ly,*

tu so - lus Do - mi - nus, / *Thou on - ly Lord a - bove,*

tu so - lus al - tis - si - mus / *Thou on - ly art Lord most high,*

Je - Christ / *Christ*

[30]

su Chri - ste.
___ our Sav - iour.

11. Cum Sancto Spiritu
(Chorus)

Soprano: Cum san - cto Spi - ri - tu, / And with the Ho - ly Ghost, ... Cum san-cto / And with the

Alto: Cum san - cto Spi - ri - tu, / And with the Ho - ly Ghost,

Tenor: Cum san - cto Spi - ri - tu, / And with the Ho - ly Ghost,

Bass: Cum san - cto Spi - ri - tu, Cum san - cto Spi - ri - tu / And with the Ho - ly Ghost, And with the Ho - ly Ghost

Piano

Spi - ri - tu in glo - ri - a De - i Pa - tris, in glo - ri - a De - i
Ho - ly Ghost, in glo - ry of God the Fa - ther, in glo - ry of God the

in glo - ri - a De - i Pa - tris,
in glo - ry of God the Fa - ther,

Pa - tris, A - men, A - - - -
Fa - ther, A - men, A - - - -

Cum san - cto Spi - ri - tu
And with the Ho - ly Ghost,

Cum san - cto
And with the

De - i Pa - tris, A - men,
God the Fa - ther, A - men,

glo - ri - a De - i Pa - tris, in glo - ri - a De - i Pa - tris,
glo - ry of God the Fa - ther, in glo - ry of God the Fa - ther, ____

glo - ri - a De - i Pa - tris, De - i Pa - tris,
glo - ry of God the Fa - ther, God the Fa - ther,

- men, Cum san - cto Spi - ri - tu in
- men, And with the Ho - ly Ghost in

____ A - men, A - men, A -
____ A - men, A - men, A -

A - men, A - men, A -
A - men, A - men, A -

Cum san - cto Spi - ri - tu in
And with the Ho - ly Ghost in

men.
men.

men.
men.

men.
men.

men.
men.

[50]

Cum san - cto Spi - ri - tu in glo - ri - a De - i Pa - tris,
And with the Ho - ly Ghost in glo - ry of God the Fa - ther,

Cum san - cto Spi - ri - tu in glo - ri - a De - i
And with the Ho - ly Ghost in glo - ry of God the

A - men,
A - men,

A - men, A - men,
A - men, A - men,

[50]

A - men, A - men, Cum san - cto Spi - ri -
A - men, A - men, And with the Ho - ly

Pa - tris, A - men, A - men, A - -
Fa - ther, A - men, A - men, A - -

A - men, A - men, A - - -
A - men, A - men, A - - -

A - men, A - men,
A - men, A - men,

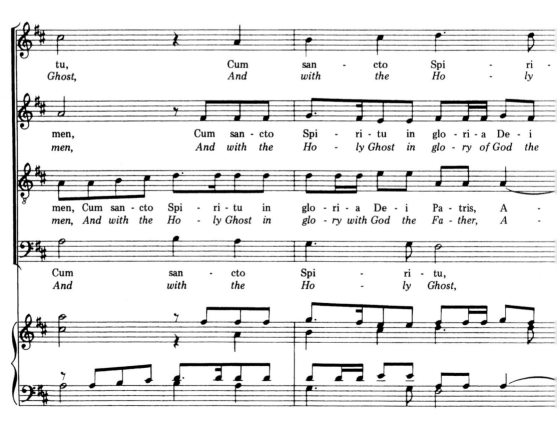

tu, Cum san - cto Spi - ri -
Ghost, And with the Ho - ly

men, Cum san - cto Spi - ri - tu in glo - ri - a De - i
men, And with the Ho - ly Ghost in glo - ry of God the

men, Cum san - cto Spi - ri - tu in glo - ri - a De - i Pa - tris, A -
men, And with the Ho - ly Ghost in glo - ry with God the Fa - ther, A -

Cum san - cto Spi - ri - tu,
And with the Ho - ly Ghost,

78

K 9919

80

K 9919